Dieses Buch gehört zu:

Urheberrecht © 2024 von Lukas Schmidt
Alle Rechte vorbehalten. Kein Teil dieser Veröffentlichung darf ohne die vorherige schriftliche Genehmigung des Verlags reproduziert, verteilt oder übertragen werden, einschließlich Fotokopieren, Aufzeichnen oder anderer elektronischer oder mechanischer Methoden.

Zoo-Wunder
Gedichte und Spaßfakten
über Tiere
Lukas Schmidt

Löwe

WUSSTEST DU?

Löwen sind die einzigen Katzen, die in Gruppen namens Rudel leben

Löwe

Ein Löwe stark und groß,
brüllt laut im Wald, oh so famos.
Seine Mähne golden und fein,
lässt alle Tiere stolz ihn sein.

Im Dschungel, König ohne Gleichen,
hört man seinen Ruf weit schreien.
Mutig und stark, majestätisch schön,
der Löwe, stolz im Sonnenschein.

Tiger

WUSSTEST DU?

Tiger haben gestreiftes Fell, das ihnen hilft, sich bei der Jagd in ihrer Umgebung zu tarnen.

Tiger

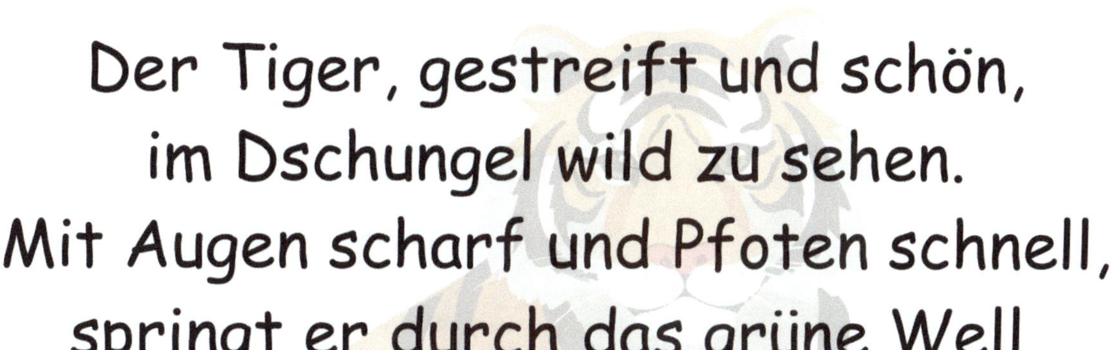

Der Tiger, gestreift und schön,
im Dschungel wild zu sehen.
Mit Augen scharf und Pfoten schnell,
springt er durch das grüne Well.

Im Dickicht lauert er geschwind,
sein Brüllen hallt, ein wilder Wind.
Ein König der Jagd, so stark und klug,
der Tiger, im Urwald voller Zug.

Elefant

WUSSTEST DU?

Elefanten haben lange Rüssel, die sie wie Hände benutzen, um Dinge zu greifen und Wasser zu trinken.

Elefant

Der Elefant so riesengroß,
stampft durch den Wald, ganz famos.
Sein Rüssel lang, die Ohren weit,
er ist für Kinder stets bereit.

Mit sanften Augen und ruhigem Sinn,
zieht er durch die Savanne hin.
Ein sanfter Riese, stark und klug,
der Elefant, im Urwald voller Zug.

Giraffe

WUSSTEST DU?

Giraffen sind die größten Säugetiere auf der Erde, und sie haben lange Hälse, um an hohe Blätter in Bäumen zu gelangen.

Giraffe

Die Giraffe hoch und schlank,
frisst Blätter hoch vom Baum ganz rank.
Mit langem Hals und Flecken fein,
sie ist im Zoo stets Sonnenschein.

In luftiger Höhe, hoch und weit,
genießt sie die Aussicht, weit und breit.
Ein elegantes Tier, so schön und fein,
die Giraffe, im Sonnenschein.

Zebra

WUSSTEST DU?

Zebras haben schwarz-weiße Streifen, und die Streifen eines jeden Zebras sind einzigartig, ähnlich wie menschliche Fingerabdrücke.

Zebra

Das Zebra, schwarz und weiß,
rennt durch die Savanne leis.
Mit Streifen schnell und Mähne fein,
lädt es zum Spiel im Sonnenschein ein.

Im Gras versteckt, im Sonnenlicht,
tanzt es fröhlich, schnell und leicht.
Ein freudiges Tier, so bunt und fein,
das Zebra, im Sonnenschein.

Gepard

WUSSTEST DU?

Geparden sind die schnellsten Landtiere und erreichen in kurzen Schüben Geschwindigkeiten von bis zu 60 Meilen pro Stunde.

Gepard

Ein Gepard schnell und schlau,
läuft durch die Steppe, oh so flott.
Sein Fell gemustert, seine Augen wach,
er ist der Schnellste, Tag für Tag.

Im Gras versteckt, er lauert leis,
springt er hervor, ein Schatten heiß.
Mit schnellen Pfoten und Blick so klar,
der Gepard, ein Jäger wunderbar.

Schimpanse

WUSSTEST DU?

Schimpansen sind sehr intelligent und können Werkzeuge verwenden, um Probleme zu lösen, zum Beispiel Stöcke zu benutzen, um Insekten zum Essen zu bekommen.

Schimpanse

Der Schimpanse, flink und schlau,
klettert durch die Bäume, hoch hinauf.
Mit klugen Augen und lustigem Blick,
er ist der Spaßvogel, voller Geschick.

Im Blätterdach, er hüpft und springt,
lacht und tanzt, ein froher Wind.
Ein freudiges Tier, so klug und fein,
der Schimpanse, im Sonnenschein.

Nashorn

WUSSTEST DU?

Nashörner haben dicke, robuste Haut und große Hörner an ihren Nasen, die sie zur Verteidigung verwenden.

Nashorn

Das Nashorn, stark und schwer,
stampft durch die Savanne, immer mehr.
Mit dickem Horn und Haut so rau,
es ist der Riese, stolz und schlau.

Im Staub badet es, ruhig und still,
sein Blick so ruhig, voller Fülle.
Ein sanfter Riese, stark und klug,
das Nashorn, im Urwald voller Zug.

Flusspferd

WUSSTEST DU?

Flusspferde verbringen die meiste Zeit im Wasser, um sich abzukühlen, und sie können mehrere Minuten lang die Luft anhalten.

Flusspferd

Das Flusspferd, groß und schwer,
schwimmt im Wasser, hin und her.
Mit breitem Maul und Haut so dick,
es ist der König, im Fluss so schick.

Im Schlamm suhlt es, ruhig und still,
sein Blick so freundlich, voller Fülle.
Ein sanfter Riese, stark und klug,
das Flusspferd, im Wasser voller Zug.

Leopard

WUSSTEST DU?

Leoparden sind ausgezeichnete Kletterer und bekannt dafür, ihre Beute hoch in die Bäume zu ziehen, um sie vor anderen Tieren zu schützen.

Leopard

Der Leopard, schnell und schlau,
schleicht durch den Wald, ganz genau.
Mit Flecken wild und Augen wach,
er ist der Jäger, Tag für Tag.

Im Geäst versteckt, er lauert leis,
springt er hervor, ein Schatten heiß.
Mit schnellen Pfoten und Blick so klar,
der Leopard, ein Jäger wunderbar.

Wolf

WUSSTEST DU?

Wölfe sind soziale Tiere, die in Rudeln leben, und sie kommunizieren mit Heulen, Knurren und Körpersprache.

Wolf

Der Wolf, im Rudel stark und klug,
heult laut im Wald, ein wilder Zug.
Mit pelzigem Fell und Augen scharf,
er ist der Jäger, im Dunkeln barf.

Im Mondlicht heult er, wild und frei,
sein Ruf erklingt, weit und breit.
Ein Rudeltier, so stark und klug,
der Wolf, im Wald voller Zug.

Fuchs

WUSSTEST DU?

Füchse haben ein ausgezeichnetes Gehör und können den genauen Ort eines Geräuschs ermitteln, auch wenn es unter der Erde ist.

Fuchs

Der Fuchs, schlau und listig fein,
huscht durch den Wald, im Sonnenschein.
Mit rotem Fell und Schwanz so buschig,
er ist der Schlaue, flink und huschig.

Im Unterholz versteckt, er schleicht,
auf leisen Pfoten, geschickt und leicht.
Mit klugen Augen und List so klar,
der Fuchs, ein Schlaumeier wunderbar.

Bär

WUSSTEST DU?

Bären sind Allesfresser, das heißt, sie fressen sowohl Pflanzen als auch Tiere. Sie kommen in vielen verschiedenen Lebensräumen auf der ganzen Welt vor.

Bär

Der Bär, im Wald so groß und stark,
sucht nach Honig, Tag und Mark.
Mit pelzigem Fell und Tatzen breit,
er ist der König, in der Einsamkeit.

Im Wald versteckt, er wandert leis,
sein Brummen hallt, ein wilder Kreis.
Ein sanfter Riese, stark und klug,
der Bär, im Wald voller Zug.

Känguru

WUSSTEST DU?

Kängurus sind Beuteltiere, das heißt, sie tragen ihre Babys in einem Beutel an ihrem Bauch.

Känguru

Das Känguru, hüpft und springt,
durchs Outback, im Sonnenschein bunt klingt.
Mit langen Beinen und Schwanz so lang,
es ist der Hüpfer, fröhlich und bang.

Im Grasland hüpft es, schnell und leicht,
springt hoch und weit, im Sonnenreich.
Ein freudiges Tier, so bunt und fein,
das Känguru, im Sonnenschein.

Panda

WUSSTEST DU?

Pandas fressen hauptsächlich Bambus und verbringen die meiste Zeit mit Essen und Ruhen. Sie haben ein besonderes Knochen im Handgelenk, das wie ein Daumen fungiert, um ihnen zu helfen, Bambus zu greifen.

Panda

Der Panda, ruhig und sanft,
frisst Bambus, leise und ganz unverwandt.
Mit schwarz-weißem Fell und Augen mild,
er ist der Sanfte, im Wald so wild.

Im Bambuswald sitzt er, ruhig und still,
sein Blick so freundlich, voller Fülle.
Ein sanfter Riese, stark und klug,
der Panda, im Wald voller Zug.

Hirsch

WUSSTEST DU?

Hirsche sind für ihr Geweih bekannt, das jedes Jahr wächst und abgeworfen wird. Sie benutzen ihr Geweih zum Kämpfen und um Partner zu beeindrucken.

Hirsch

Der Hirsch, majestätisch und stolz,
springt durch den Wald, im Sonnenholz.
Mit Geweih und Augen klar,
er ist der König, im Wald so wahr.

Im Dickicht lauert er geschwind,
sein Sprung so elegant, wie der Wind.
Ein edles Tier, so schön und fein,
der Hirsch, im Wald voller Sonnenschein.

Faultier

WUSSTEST DU?

Faultiere sind dafür bekannt, sehr langsame Tiere zu sein. Sie verbringen die meiste Zeit kopfüber in Bäumen hängend und bewegen sich so langsam, dass Algen auf ihrem Fell wachsen können.

Faultier

Das Faultier, langsam und ruhig,
hängt im Baum, ganz gemütlich.
Mit langen Krallen und Fell so weich,
es ist der Träumer, friedlich und reich.

Im Blätterdach schläft es, ruhig und still,
bewegt sich langsam, nach eigenem Will.
Ein gemütliches Tier, so ruhig und fein,
das Faultier, im Baum voller Sonnenschein.

Kostenlose Malvorlagen
Scann mich